नये इलाके में

(कविताएं 1990-95)

नये इलाके में

मुझे एक छठ्ठी में जाना है
और एक श्राद्ध में

अरुण कमल

वाणी प्रकाशन

वाणी प्रकाशन

4695, 21-ए, दरियागंज, नयी दिल्ली 110 002

फ़ोन : +91 11 23273167 फ़ैक्स : +91 11 23275710

शाखाएँ

अशोक राजपथ, पटना 800 004, बिहार

कॉफ़ी हाउस कैम्पस, महात्मा गांधी मार्ग, इलाहाबाद 211 001, उत्तर प्रदेश

महात्मा गांधी अन्तरराष्ट्रीय हिन्दी विश्वविद्यालय, वर्धा 442 001, महाराष्ट्र

सुल्तानिया रोड, मोतिया पार्क, भोपाल 462 001, मध्य प्रदेश

www.vaniprakashan.com
marketing@vaniprakashan.in
sales@vaniprakashan.in

NAYE ILAKE MEIN
by Arun Kamal

ISBN : 978-81-7055-448-6

Poetry Collection

संस्करण 1996, 1999, 2007
चतुर्थ संस्करण 2020

मूल्य : ₹ 250

सिटी प्रेस, दिल्ली-110 095 में मुद्रित

वाणी प्रकाशन का लोगो मक़बूल फ़िदा हुसेन की कूची से

आदरणीय भीष्म साहनी जी को

सादर

क्रम

विनयपत्रिका दीन की, बापु ! आपु ही बाँचो।
हिये हेरि तुलसी लिखी, सो सुभाय सही करि
बहुरि पूँछिये पाँचो।।

—तुलसीदास

नये इलाके में

नये इलाके में

इन नये बसते इलाकों में
जहाँ रोज बन रहे हैं नये नये मकान
मैं अक्सर रास्ता भूल जाता हूँ

धोखा दे जाते हैं पुराने निशान
खोजता हूँ ताकता पीपल का पेड़
खोजता हूँ ढहा हुआ घर
और ज़मीन का खाली टुकड़ा जहाँ से बायें
मुड़ना था मुझे
फिर दो मकान बाद बिना रंग वाले लोहे के फाटक का
घर था इकमंजिला

और मैं हर बार एक घर पीछे
चल देता हूँ
या दो घर आगे ठकमकाता

यहाँ रोज कुछ बन रहा है
रोज कुछ घट रहा है
यहाँ स्मृति का भरोसा नहीं
एक ही दिन में पुरानी पड़ जाती है दुनिया
जैसे वसन्त का गया पतझड़ को लौटा हूँ

जैसे बैशाख का गया भादों को लौटा हूँ

अब यही है उपाय कि हर दरवाजा खटखटाओ
और पूछो–
क्या यही है वो घर ?

समय बहुत कम है तुम्हारे पास
आ चला पानी ढहा आ रहा अकास
शायद पुकार ले कोई पहचाना ऊपर से देख कर

यह वो समय

यह वो समय है जब
कट चुकी है खेत से फसल
और नया बोने का दिन नहीं

खेत पड़े हैं उघारे
अन्यमनस्क है मिट्टी सहसा धूप में पड़ कर–
हर थोड़ी दूर पर मेंड़ों की छाँह–
चमकती हैं कटी खूँटियाँ
दूर पर चरती भेड़ों के रेवड़
और मूसकोल
और चींटियों के बिलों के बाहर मिट्टी चूर

यह वो समय है जब
शेष हो चुका है पुराना
और नया आने को शेष है।

सबसे ऊँची छत पर

अनेक मंजिलों के बाद ऊपर सबसे
जो सूनी छत है धूल विष्ठा और झड़े पंखों भरी

चढ़ते चढ़ते पहुँचोगे वहाँ साँस के अन्तिम मोड़ पर
तब मिलेगी धूप से भरी वो छत
और पहली बार तुम्हें लगेगा
जब कहीं भी नहीं है हवा तब भी यहाँ कुछ हवा है—
सिहरेंगे छाती के अधपके केश

अनेक मंजिलों के बाद ऊपर सबसे

सन्नाटा है
सारी आवाजें पृथ्वी की डूब गयी हैं
बस एक हलचल है पाँवों की तट पर—
ऊपर ताको
आकाश इतने पंखों पर तना
हवा इतनी मथी हुई
बिलकुल शीश पर सूर्य्य
और नीचे कुंड का पानी

यहाँ से दिखते हैं घरों के आँगन मुँड़ेर

बरामदे भीतर रसोई तक
पर पहचानना मुश्किल है अपना ही घर
अपना ही मुहल्ला लगेगा अनजान
खुदाई में निकली किसी लुप्त सभ्यता का ध्वंसावशेष

दोनों हाथ मुँड़ेर पर रखे झाँकता हूँ नीचे
तलमलाता घूमता है माथा
खींचता है झग्गर के अंकुशों से कोई
मुझे खींचता है नीचे
हवा अचानक कम फट रहीं नसें—
दरकता धूप में मिट्टी का सूखता शरीर—
मेरा सम्पूर्ण रक्त भी मरते पक्षी को नहीं दे पायेगा जीवन
सैकड़ों खटमलों में बदल जाऊँगा बूँद बूँद

शायद ऐसे ही होना हो अन्त

पीछे सीढ़ी की तरफ मुड़ते मुझे डर लगा
कोई छुपा होगा दरवाजे के पीछे
मैं लौटूँगा और वह घूमेगा—
कौन सुनेगा मेरी पुकार उतनी दूर
यह पृथ्वी की सबसे ऊँची छत मेरा दख़मा

सबसे अन्तिम तल पर किसी का निवास नहीं
वही अवसान है घर का झड़े पंखों भरा

सूखे कुंड में मूर्त्ति विसर्जन
से रही हवा पृथ्वी पर जीवन।

एक रात जब मैं सफर में था

'देखा ?
अभी जो खट् से बजा
सियार होगा, कोई छोटा जानवर,
कट गया—'

टी. टी. ने गुलूबन्द के भीतर से कहा
मैं अकेला खड़ा था उसके पास घनी रात में
दरवाजे के पास सामान लिये—
सोया था सारा शयनयान

'फिर बजा !
थोड़ा हल्का इस बार
सियार का बच्चा होगा या कुत्ता,
देखो, फिर बजा खट्राक—
बेचारा बैल खूँटा तुड़ा कर भागा होगा—
सबसे ज्यादा जाड़े और बरसात में कटते हैं जानवर
आदमी भी सबसे ज्यादा मरता है भादों और पूस में
मैं जानता हूँ सब इतना पुराना टी. टी. हूँ जंगली लाइन का—
अच्च ! चला गया !—'

'क्या हुआ '?'

'कट गया ! आवाज वैसी ही थी
इतनी रात में निकला था लकड़ी चुनने !'

'और कितनी दूर है मेरा स्टेशन ?'
मैंने थक कर पूछा और बक्स पर बैठ गया !

हाट

एक दिन पिता ने बुलाया और कहा–
अब तुम जवान हो गये हो और मैं बूढ़ा
दिसावर जाओ और कमाओ खाओ
माँ ने चलते समय बताशे दिये–
खाकर पानी पीना

बाजार में बहुत सन्नाटा था
सारा संसार काँच के पार
और मैं शीशे से नाक सटाये–
एक जगह जूते दिखे हिरण की खाल के
और कुमारगन्धर्व की भरी हुई बोली
अचानक मुझे अमरावती दिखी नमक की डली
जो झलकी फिर विलीन हो गयी
जिधर मंडी थी दाल की

मेरे पास न पूँजी थी न पण्य
मैं बाट भी न था कि हाट के आता काम
न पाप कमाया न पुण्य न ही रहा अक्षत
दिन भर घूमता ढली देह लिए लौटा धाम

लेकिन वहाँ जहाँ घर था मेरा घर नहीं था

अट्टालिक़ा थी लौह कपाट और द्वारपाल—
यहाँ मेरा घर था मेरे पिता मेरी माँ
मेरा घर ?

द्वारपाल हँसे—
तुम किस जन्म की बात कर रहे हो ?

सोये में चलना

कल जिससे जेल में मैं मिला
वह मेरे रोने पर भी रहा शान्त आवेगहीन
जरा भी कँपा नहीं मानो गहरे तालाब के बीच में खम्भा—
कुछ ऐसा था उसमें जो केवल उनमें होता है
जो पापी नहीं बस भागी हैं पाप के

क्या सच क्या झूठ
क्या सही क्या गलत
कहाँ जल कहाँ थल
                    समझ नहीं पाता
लगातार रोशनी है जहाँ
वहाँ न सन्ध्या जान पाता हूँ न प्रात
फिर भी वह वेला मैं ढूँढ़ रहा हूँ
जहाँ प्रकाश की पंखुड़ियाँ खुल रही हैं
अन्धकार के नाल पर
वह वेला जब उठते हैं सप्तपर्णी में गन्ध के भँवर
वह गर्भवती युवती जो एक भी है दो भी
जिसके उर में छत्ता है शहद का
जिसका आनन शरद का आकाश
और मैं इतने काटकूट से भरा इतना गिजबिज
इतने खरीदारों ने अपनी निब जाँची मुझ पर

इतने तरह से बुकड़ा इतनी धारियाँ इतने दस्तखत
कि जरा भी साफ जगह अब नहीं

बिलकुल निहत्था पर हाथ बिना ऊपर उठाये
मैं हत्यारों से मिलने जाना चाहता हूँ
लाल मखमल की खाली म्यान लिये
आबनूस की नक्काशीदार बेंट लिये—
जिस तलवार ने सैकड़ों कत्ल किये
उस पर भी कितनी सुन्दर नक्काशी थी—
केवल शब्दों का फाहा लिये
जाना चाहता हूँ उसकी तरफ से
जो सबसे कमजोर है
जो अपने कौर के लिए भी हाथ उठा नहीं सकता
जो न शासक बनना चाहता है न शासित
पर जो लक्ष्य है केवल लक्ष्य वीर धनुर्धरों का
दीवार पर लाल धब्बा या मछली की आँख की पुतली
या बस पत्तागोभी पत्तों को पत्तों में छुपाए
आलोकित स्वयं जैसे संजीवनी बूटी

बिना कुछ बोले
मैं लौट आता हूँ उसके घर
जहाँ फाँसी के हुक्म का इन्तजार कर रही है
एक बहुत बूढ़ी माँ !

सातवीं कक्षा के एक विद्यार्थी का शोध-प्रबन्ध

अब सब कुछ नये नियम से कहना चाहिए
यानी एक किरण को एक किरण नहीं सात रंग
और कदम्ब के रोंयेदार फूल को सैकड़ों फूलों का गुच्छा
और एक आँख तिलचट्टे की आँख हजारों आँखों का पुंज
अलग अलग आँख अलग अलग देखती फिर भी एक साथ एक
और एक देह को करोड़ों कोशाओं का छत्ता
और एक पृथ्वी नील पद्म शंख महाशंख जीवों का
लाल पीला हरा शामियाना

कहना चाहिए कि गाँठ बाँधने का मतलब है रस्सी को छोटा करना
और गाँठ खोलने का मतलब रस्सी को नीचे जल के तल तक लाना
ऊपर उस तल तक जहाँ आग में फँसा है
अन्धा आदमी

अब गिनती एक से नहीं
असंख्य से चल कर एक की ओर आयेगी उल्टे पाँव
पृथ्वी भी अब कल से घूमेगी उल्टा
यानी अभी एक रात के बाद फिर एक रात और
फिर दिन फिर रात फिर......

बात

एक समय था जब सफर में सबके सामने
कौर भी
उठ नहीं पाता था
और खाने की पोटली बिना खोले
मैं घर लौट आता

छुट्टियों के बाद जब मेरा चेहरा थोड़ा भर जाता
तब मैं दोस्तों से हाथ मिलाते शर्माता
और बाजार में आईने के आगे सिर झुकाए
तेज निकल जाता

अब मुझे क्या हो गया है
बच्चों के सामने कुल्फी चाटता चलता हूँ बीच बाजार
कमीज की बाँह बार बार झाड़ता केश रंगता ब्लू फिल्में देखता
जेब में कंघी हाथ में रूमाल

बीसियों मरे उस मोटर दुर्घटना में
जो बचे वे भी जैसे तैसे
एक मैं ही बचा साबुत
और मैंने यारों को दारू पिलायी इस मौज में—
इसमें आखिर ऐसी क्या बात है ?

अन्त

आखिर इसी जान
इसी देह की खातिर तो सब किया

जहाँ बोलना था चुप रहा
जिससे बोलना बन्द कर देना था उससे
हँस हँस कर बोला

आखिर इसी जान
इसी देह की खातिर

नाक पर डाले रूमाल गरीब बहन के आँगन से गुजरा
और बलवन्त के आगे टाँगे रहा भरा पीकदान

दस बजे दिन में या पाँच बजे शाम
जब सबसे तेज थी सड़क तब नहीं

तब जब सड़क थी सबसे सुनसान रात में एक के बाद
मैं मरा दब कर मलबा ढोने वाले ट्रैक्टर के नीचे

शेष

और मैं बच गया

आग में पड़ कर भी जला नहीं
क्योंकि अभी गीला था
अभी भी कुछ कुछ हरा था

बहुत गाढ़ा धुआँ उठा
रन्ध्रों से जल छूटा
और मैं बच गया

बचा हूँ अब भी
जल कर राख हुए घर का चौखट
रौंदा हुआ धान का खेत
नल लग जाने के बाद त्यागा हुआ घर का कुआँ
बचा है जल अब भी
भग्न सुनसान
ढहा गिरा या थोड़ा उठा कर छोड़ा हुआ
अधूरा मकान

काष्ठखंड की गाथा

चाहता था जलूँ तो
केवल रौशनी हो
धधाती लपट
धुआँ न कालिख न राख
जलने के बाद लगे कुछ था ही नहीं
थी बस कपूर की बटी
बस थोड़ा सा ताप गीले तट पर

और हुआ क्या
चारों तरफ ठस गया धुआँ
लोग आँख नोचते खाँसते बाहर भागे
इतनी कालिख थी और इतनी
राख

क्या इसी लिए मैं दहता रहा इतने दिन
एक तट से दूसरे तट ?

स्थावर

इस बार भी लगता है यहीं रह जाऊँगा

हर बार सोच कर निकलता हूँ
कहीं दूर चला जाऊँगा
पर बारिश की शाम के धुएँ सा घुमड़ता
गिरता हूँ फिर उसी छप्पर पर जहाँ से उठा

बैठा रह जाता हूँ

जब धूप सरक कर मेरी देह से दूर
उतर जाती है और लगता है सहसा
ठंडे हो रहे हैं मेरे तलुवे
तब मैं जानता हूँ पृथ्वी घूम गयी होगी
अपने अक्ष पर कुछ अंश इधर या उधर

बहुत दिन से एक जगह पड़ी हुई ईंट हूँ मैं
जिसे उठाओ तो निकलेंगी बिलखती चींटियाँ
और कुछ दूब चारों ओर
हरी पीली।

निवृत्त

जैसे टूट जाये हाथ की हड्डी
और गिलास भी उठ न सके
क्या मैं भी पूरा का पूरा
बेकाम हो जाऊँगा बीच राह
गिरा जूते का तल्ला

फूटने के बाद भी मिट्टी की सुराही
जाड़े में बोरसी बन जाती है
वैसे ही मैं भी तो काम आ सकता हूँ
अन्न उगा न सकूँ तो क्या
सूखते धान के पास बैठ कौआ तो हाँकूँगा

पेड़ कटने पर बचा हुआ थम्भ
किसी थके बैल या गाभिन गाय का
खूँटा बन जायेगा।

भय

बादल हैं रोशनी है चारों तरफ
धूप नहीं
उठती है हवा फिर गिरती
पंखों से रुँधा आसमान

तोलता हूँ अपना शरीर
बन्द रहा पिंजड़े में इतने दिन
कि उठूँ भी अगर तो भय है
फड़के एक पंख दूसरा हिले भी
नहीं।

लगभग

टूट कर गिरने के बाद भी
दूर कुछ जाता हूँ चला लड़खड़ाता

दौड़ते घोड़े के सुम से
गिरा हुआ नाल हूँ
सफर के लगभग अन्त उस मोड़ पर
जहाँ से घूमते
कौंधी नदी–
पीठ पर बेंत के नीले छाप

नंगे पाँव किसी ताड़ पर चढ़ रहा हूँ
ऊपर रस से भरा है मिट्टी का कसोरा
टँगी हैं आँखें तलवों में अजीब गुदगुदी
पूरे शरीर में पुलक भरी ऐंठ–
छिंटका फिर अभी आँख पर रस

बहुत ऊँचे बहुत ऊपर जा
छूटेगा मेरा हाथ
बूँद भर रस से
भहरेगा देह का ढेला हठात्।

चेहरा

एक चेहरा कहीं दबा इस चेहरे में
किसी प्राचीन साम्राज्य की स्वर्णमुद्रा
कोई टूटती बिखरती प्रतिध्वनि
या उड़ते पक्षी की गिरी हुई छाया

अचानक जैसे खोजबत्ती सा घूमता
              है वह चेहरा
धूल और धूप का खम्भ दूर जा बिखरता
खूब लम्बी परछाइयाँ गाढ़ी गहरी साँसें भारी
जर्जर पंखुड़ी को सूँघ पहचानता हूँ
पुआल रौंदे पाँवों पर पानी पड़ने की चुनचुनाहट
चुम्बन के बीच सहसा
पसीने के नमक का स्वाद।

लौ

देर हो गयी थी
भारी लग रही थी रात

रास्ता दिखाने
वह घर के बाहर तक आयी
दवा की खाली शीशी की ढिबरी
कलेजे के पास लिये
पलक उठाये
वह शीत में आयी खाली पाँव

कुहासे में मढ़ा उसका चेहरा एक लौ
में दमकता
डगमगाता

पीछे थी रोशनी आगे अँधेरा
जिधर मुझे जाना था।

कर्णफूल

खट खट बजती हैं कुर्सियाँ
नाटक खत्म हो चुका है
अब स्थिर बड़ी सूखी
लग रही है रंगभूमि

देखता हूँ एक किनारे चमकता
कर्णफूल
जो नायिका के कान से खुल
गिर गया होगा कभी आवेग में

ऊपर चढ़ ज्योंही उठाया
ध्रुवस्वामिनी ने देख लिया
जो धायी आ रही थी इधर ही
सहसा स्मरण पा।

अभिसार

प्याज की तेज गन्ध हींग जीरे की कपूर की गन्ध
मुझे किसी औरत की गन्ध लग रही है

अकेले जो रहता है नहीं है अकेले
अदहन में चावल छोड़ते भी नहीं है अकेले
उनकी साँसें छूट गयी हैं यहाँ उनकी छाया
उनकी देह का प्रभा-वलय

मैंने कभी यह घड़ी बन्द नहीं देखी
जब से आ रहा हूँ
और चाय के प्याले की यह डंटी कितनी साफ है
कितना साफ है शीशे के गिलास में पानी
इतना थिरा थिरा घर उनके हाथों से चाला हुआ

आश्विन का साफ आकाश है
आधा चन्द्रमा से भरा
हवा ताँत से धुनी हुई हल्की

बड़ी अब होने लगी रात
देर तक बैठने के बाद आती है रात
गिरने लगी धूल पर ओस

चारों तरफ परछाइयों के छाप
और संचित सुगन्ध से व्यग्र रात्रिगन्धा

चाहता हूँ एक शाम जब साँकल पीटूँ
तो बहुत फुल्के कोई कुंडी खोले
और देखूँ सामने वृन्त पर वही
जिसकी इतने दिन से गन्ध लग रही थी।

रात का ढाबा

ऐसे अब भी हैं बहुत यहाँ
जिन्हें चाहिए रोशनी रात में
अब भी हैं बहुत यहाँ
जो टिमटिमा रहे अकेले निहंग एक छोर
दीप्त बादलों के पार
घुंडी में बन्द पारे की बूँद
शीत हो या ताप

चौड़ी हो रही हैं सड़कें
चढ़ रही है रात धीरे धीरे
आ रहे होंगे ईरानी लड़के-लड़कियाँ
अकेला विधुर केंचुल में लिपटा
आ रही होगी वो युवती मीनाबाजार सी
आयेंगे रात की पाली के छूटे मजदूर
जोर जोर से बोलते
आकर बैठेगा बेंच पर सफर में फँसा अनजान राहगीर
बैठा रहेगा देर तक वो जिसे भोर में बेचना है खून

जब सारे फूल मूँदते हैं अपना शरीर
ठीक तब खुलते हैं फूल कुछ रात में
बिलों से निकलती है मर्म की मिट्टी

प्रगट होता है छुपा हुआ जल पत्ती की नोक पर
जब ठंडे हो रहे होते हैं सारे चूल्हे
तब पूरे ताव पर होता है रात का ढाबा

कुछ धुँवा धुँवा लग रहा है
चाँद पीछे ढह रहा है

सोचा भी न था कि मिलोगे तुम यहाँ
कि इतने दिन पर देखूँगा चेहरा तुम्हारा
भट्ठी की धाह में उठता गिरता

गिर रही ओस बदन तप रहा है
चाँद पीछे ढह रहा है।

एक मन्दिर की गाथा

किसी विधवा देवी का प्रायश्चित्त
बहुत पुराना मन्दिर हूँ मैं
दीवारें काली हैं काई से
भीतर भीगा अँधेरा स्थिर अडोल घंटी
एक शंख जहाँ शेष है साँस का पानी
एक ही पदचाप की परिक्रमा
और अँधेरे में कभी-कभी पीछे देहों की परस्पर परिक्रमा
घंटियाँ बजतीं

एक बहुत पुराना मन्दिर
बूढ़े पाकुड़ के नीचे
एक बहुत बूढ़ी नदी के किनारे।

ऑपरेशन के बाद

वह पिछले दरवाजे
काल के कोहबर में गया
और प्रवेश द्वार से बाहर आया
पूरे सफर में केवल दस रोम टूटे
और हृदय के निलय का उपचार करा
वह आ गया वापस जीवित

मिलते ही उसने
विवाह की सारी तस्वीरें दिखायीं
फिर अन्दर गया ठंडा पानी और बर्फी ले आया
और सट कर फुसफुसाया, जानते हो जिस डॉक्टर ने
मेरा ऑपरेशन किया वह एक नर्स से फँसा था।

अगहन

[1]

खेत पीले
हरा पेड़
नीला आकाश
बगुले सफेद

[2]

चुप
कर देते हैं धान से भरे खेत
                जैंसे बाढ़ की नदी
जैसे किसी सुन्दर युवती का बहस के बीच
सहसा प्रवेश
जैसे पहाड़ी चढ़ाई पर ट्रक की धीर गति
और गम्भीर थिर रोशनी का थम्भ
लगातार उठता ऊपर
आकाश
चुप

अकेले ताड़ की गाथा

चौर मैं और कोई पेड़ नहीं
आर पार दौड़ती है हवा एक साँस में

कई बार चाँद
अँटका है मुझमें पूरा का पूरा
और बिजलियाँ घूमती गयीं जैसे सूई में धागा
जर्जर हवा जब मन खड़खड़ा गयी मुझे
अन्धड़ सारा जोर झोंकता उतरा खिन्न

डर लगता है रात में अकेले कभी कभी
तारे दूर दूब भी दूर
कल से मिला है एक गुइयाँ
एक भागता भटकता बूढ़ा जिन्न।

वृत्तान्त

[1]

कोई भी इन्तजार इतना ज्यादा नहीं होता
कि और इन्तजार हो न सके
कभी भी जगह इतनी कम नहीं होती
कि और कुछ अँट न सके
कोई भी इतना थका नहीं होता
कि और कुछ थक न सके
हालत कभी इतनी खराब नहीं होती
कि और खराब हो न सके

[2]

चाँदनी रात में खुलती है आँख
और लगता है गाड़ी
बचपन के पुराने स्टेशन पर खड़ी है

लोग एक दो उतरे हैं सन्दूक लिये
अपनी छाइयों पर चलते
एक पिता अपने बच्चे की कलाई पकड़े
बच्चे के पाँवों में अभी भी नींद

पहिए घूमते हैं
छूटते हैं खम्भे

गुजरा एक झलक में वो कच्चा रास्ता
आगे पक्की सड़क से मिलता

[3]

अकेला जगा घूम आता हूँ
एक दरवाजे से दूसरा दरवाजा
सोया है जैसे तैसे सारा डब्बा
भरे हैं सारे पटरे
फर्श पर भी लोग गठरियों की तरह
चाँदनी रात और मैदान चारों ओर
दूर में पहाड़ियाँ कभी-कभी चाँद
पेड़ों के भीतर अँधेरा

दौड़ती है ट्रेन धृष्ट वेग से पुल पर
कट कर गिरता है चाँद एक फाँक
जल में

फिर वे ही मैदान पसरते जाते ढलते

[4]

जब थोड़ी चल ली गाड़ी
और देह को हवा लगी
तो एक एक कर सामान मिलाया—
हवाई वेग सूटकेस पानी का फ्लास्क थैला किताबों का बंडल

कुल अदद छे
ठीक है सब चढ़ गया इस भीड़ में
थैले में काँच का सामान था वह भी बच गया

लेकिन एक तो छूट गया—
चलते समय गाँव की बूढ़ी ने दिया था
जूट का झोला
बोली थी दिल्ली पहुँचते जरूर भिजवा दीजिएगा ददन को
नया चूड़ा और गुड़ की भेली है

और वह छूट गया

[5]

सामने बैठे यात्री ने लौंग बढ़ायी
तो हाथ मेरा एक बार हिचका
ऐसे ही तो खिला पिला लूटते हैं

एक बार उसे गौर से देखा
उसका चश्मा घड़ी और चप्पल जिसका नथुना टूटा था
और शुक्रिया कह कर ले ली लौंग
पर इतना पूछ लिया—कहाँ जायेंगे ? किस मोहल्ले ?
उसके बाद भी देर तक करता रहा इन्तजार
बेहोशी का

[6]

अकेले सफर करते ऐसा क्यों लगता है
कि अचानक तबीयत बिगड़ जाये तो क्या होगा

अनजान मुसाफिरों के बीच आधी रात
अनजान स्टेशन पर ?

जेब में डायरी है
पूरा पता काम भर पैसे
और रास्ते के एक स्टेशन के परिचित का नम्बर

फिर भी जब गाड़ी खुलने खुलने को होती है
अचानक यह डर कौंधता है मन में
रोशनी कहीं भी न ठहरती आँख मूँद एक जगह

[7]

ऐसे में अचानक लुटेरे घुस आयें
और पिस्तौल भिड़ा दें—कहाँ है माल
तो क्या करूँगा यही सोचता बैठा हूँ अकेले
पुराना बेग कस कर दबाये

कोई जंजीर बाँध रहा है
कोई जमा रहा है बक्स माथे के नीचे
कोई जेब टटोलता होता है निश्चिन्त
कोई पत्नी से कहता है उतार लो झुमका
अपने जानते कितनी चतुराई कितने उपाय करता है हर कोई
पर सबकी आँख बचा
वह आयेगा अकस्मात्
इतना भी वक्त नहीं होगा कि तुम
बेग से निकाल सको अपनी प्रिय किताब
और बोलो, ले जाओ बेग।

[8]

देर क्यों हो रही है
गाड़ी बार बार दे रही है सीटी करुण स्वर में

माथे पर रूमाल बाँधे
सींकचे पकड़े
आधी देह बाहर झुलाता
सबसे पिछले डिब्बे की ओर आँख गड़ाये है
ड्राइवर
हरी रोशनी की खोज में।

रात

जैसे जैसे रात बढ़ी
वैसे वैसे ओस गिरी
उठा दर्द जो ढँका दबा था
उठा दमे का ज्वार जो भीतर नधा पड़ा था
देह नींद में लिपटी फिर भी
नींद नहीं आँखों में
बदल रहा करवट पर करवट
दौड़ रही चक्की पट्टे पर भीतर

अभी गाय हँकरी है
फड़फड़ करता तोता लोहे के पिंजरे में
खाँस रही है वृद्धा जब तब
तेज कदम हाँफता कोई जाता
धूल भरे रस्ते पर

भीड़ भरी आँखों से
ताक रहा हूँ अन्धकार में
गर्म लहरते आटे में ज्यों
घुलट रहा हूँ आँख जरा सट जाये
लेकिन देह उखड़ जाती है

उठता हूँ उठ पानी पीता
कनकन पानी ठंडा
घनी धुन्ध है बल्ब दूर पर
देख रहा अपना मुँह अपने
घूम रहा हूँ थाह थाह कर
टकराता पैरों से लोटा ढन से

बहुत रात बाकी है अब भी
इतनी काली रात बहुत कम पानी इसमें

श्राद्ध का अन्न

[1]

श्राद्ध का अन्न खा लौट रहे तेज कदम
दूर गाँव के ग्रानीण जोर जोर से बतियाते
व्यंजनों का स्वाद मृतक का आचार व्यवहार
लगाते ठहाका
भूँकते कुत्तों को पीछे रगेदते–
लालटेन लगभग जमीन छूती
परछाइयाँ चारों बगल नाचतीं–
उड़ाते धू !

[2]

कठिन है निगलना श्राद्ध का अन्न–
पाँत में बैठना
फिर पोरसन का इन्तजार
फिर कौर उठाना सामने मृतक के पिता के
कठिन है कंठ के नीचे उतारना

कोई भीतर दोनों हाथों से ठेल रहा है निबाला
अवरुद्ध है कंठ

मुँह चल नहीं पाता
बरौनियाँ हिल नहीं रहीं
पालथी में भर गयी जाँघ—
सामने खड़ा है मृतक हँसता
पूछता, कैसी है बुँदिया कैसा रायता ?

कोना

चमक रहा है कोना कोना
कितना साफ खुशफैल कितना करीब लग रहा है वही घर
जो साल भर की गन्दगी निकली है बाहर

लेकिन कहीं न कहीं तो अभी भी है एक कोना
जहाँ डाला है सबने लक्कड़ फक्कड़
बाल्टू से अलग हुआ नट कलम की खोंपी कुर्सी का हत्था अंट शंट

पूरे घर में कहीं न कहीं होता ही है एक कोना
पहले पैर के साथ ही धूल
जितना बड़ा घर उतना बड़ा कोना रद्दी सामान का

आगे से जब भी यह घर मेहमान को दिखाओ
कोना दिखाना हरगिज न भूलना

हासिल

नोक महीन से महीन
करने की जिद में इतना
छीलता गया पेन्सिल
कि अन्त में हासिल रहा
ठूँठ।

वाकया

इस बार मैंने तै कर लिया
अब से सफर में किसी से लगना नहीं
न किसी से बोल न चाल
बस काम से काम
मूँगफली फोड़ता नमक चाटता काट दूँगा रास्ता

वो जमाना गया जब मुसाफिर
किसी भी बात पर लड़ते झगड़ते
पार कर लेते थे लम्बा से लम्बा सफर
और कोई कोई तो बातों में इतना मशगूल
कि झगड़ने वाला ही उसे याद दिलाता
'भाई साहब उतरिये आपका स्टेशन आ गया'
और दोनों मुश्किल से अलग होते
उतरते उतरते एकाध बोल बोल जाते

आज मेरे मुँह से बस इतना निकला
'रेल का भाड़ा बेतरह बढ़ गया है'
इतना कहना था कि सामने वाले ने लोक ली बात
पहले तो गरजा, 'आप ही जैसे लोग
सरकार को बदनाम करते हैं'

फिर गाली पर उतर आया
और जब मैंने टोका तो सीधे
सटा दी पिस्तौल

और कोई कुछ नहीं बोला।

लोककथा

एक समय की बात है
किसी गाँव में एक किसान के घर
डाका पड़ा रात के तीसरे पहर
और उसका बड़ा बेटा जिसका
दो मास पहले गौना हुआ था
कोठरी की चौखट पर ढेर हुआ
गहना बचाते

सुबह हुई
अर्थी उठाने का समय हुआ
तो किसान खुद लगा
उसका छोटा बेटा
और बूढ़ा बाप

फिर भी एक कन्धा कम पड़ रहा था

पर गाँव का एक भी आदमी नहीं आया
सबने सोचा डकैत बुरा मान जायेंगे

तब तीन जन ने अर्थी उठायी
और बेटे को बाप ने आग दी

किस्सा गया वन में
सोचो अपने मन में।

जागरण

वीडियो चला है रात भर
लगता है इसीलिए सोयी है अब तक
इस्पात नगर की लेबर कोलनी
बल्ब जल रहा अब तक बाहर

एक गृहिणी बुहारती है वेग से
द्वार पर झरे फूल हरसिंगार के
झटके से फेंकती है वीथि पर
ठीक मेरे आगे फूलों का कूड़ा

समाप्तप्राय है मेरा प्रातः भ्रमण

बच्चों ने भीतर ताली बजायी
फिर कोई कैसेट लगा सुबह सुबह।

संयोग

जब सूरत में महामारी फैली
तब जो हजारों लोग वहाँ से लदफद भागे
उनमें हरिनन्दन भी था
जो रास्तेभर भगवान् की कृपा पर चकित रहा
कि कैसे छूटते छूटते उसे यह गाड़ी मिल गयी
और वह गाड़ी एक हजार सात सौ छप्पन किलोमीटर
चलने के बाद एक मालगाड़ी से टकरायी
और एक बार फिर हरिनन्दन भगवान् की असीम कृपा के सम्मुख
नतमस्तक था कि वह बाल बाल बच गया
और बचकर अपने गाँव के स्टेशन लहलह दुपहरिया में उतरा
और रास्ते के धूप और धूल भरे चौर में
लुटेरों से घिर गया
और अब तीसरी बार वह भगवान् की लाख लाख कृपा पर चकित था
कि लुटेरों ने उसकी सन्दूक तो छीन ली जिसमें कुल सात सौ तेईस
रुपये थे और एक जोड़ी कपड़ा पर लाख रुपये की जान बख्श दी
और यही सोचते सोचते वह कच्चे घर के आँगन में
झोलंग खाट पर पड़ा तारे ताकता सो गया
और उसी रात एक गोतिया ने पुश्तैनी दुश्मनी में मौका पा
उसका काम तमाम कर दिया।

कुछ दिनों बाद घोषणा हुई कि सूरत में जो महामारी थी
वह वास्तव में महामारी नहीं थी।

सुख

वास्तुशान्ति नहीं है देवि

यहाँ जो भी रहेगा दुःख भोगेगा
सुख होगा तो शान्ति नहीं
शान्ति तो सुख नहीं
कोई कार्य निर्विघ्न नहीं

इसमें भाग्य का दोष नहीं
न कोई दैवी विधान है
आधारभूमि का कोप है देवि
सब कुछ है फिर भी कुछ नहीं

जहाँ तुम्हारा शयनकक्ष है वहीं
ठीक उसके नीचे याद करो
कोई वृक्ष था जामुन का
नींव पड़ने के पहले
छोटी गुठली वाले काले जामुनों का वृक्ष
वही वृक्ष तुम्हें हिला रहा है
एक पक्षी अभी भी ढूँढ़ता है वही अपना नीड़
वे चींटियाँ खोजती हैं अपना वाल्मीक
इस ब्रह्मांड में सबका अधिकार है देवि

और उधर जो दीवार है बायीं ओर
उसके नीचे कुआँ था पति से पूछना
खूब बड़ा पुराना कुआँ जिसका जल
हल्का और मीठा था
एक उद्‌गार था पृथ्वी का तुमने उसे भी
घोंट दिया

और जहाँ मुख्य द्वार है वहाँ से
तिर्यक् वाम दिशा में खोदो तो मिलेगा
कंकाल
एक यात्री कभी टिका था यहाँ एक रात
उसके पास कुछ द्रव्य था
यह द्रव्य ही काल हुआ
और वहीं गाड़ी गयी लाश

इस वृद्ध तान्त्रिक से अब और कुछ
न पूछो देवि
कोई मन्त्र कोई उपचार नहीं जानता
मुझे कुछ भी सिद्ध नहीं–
लगता है बरसेंगे देव
रात यहीं रुक जाऊँ देवि ?

चारदीवारी की गाथा

मैं एक राजा के बाग की चारदीवारी
अगोरती रही आम और लीची बेर अमरूद
सदी गुजरी राजे गुजरे सड़े फल ढेर

कितनी बकरियों गौवों को मैंने टपने से रोका
ललचाये छोकरों लुभाये राहगीरों
किसी को मेरे रहते कुछ नहीं भेंटा
बस चिड़ियों पर मेरा वश नहीं था

और अब गिर रही हूँ
चारों तरफ से झड़ रही हूँ
अब कौन आयेगा बचाने
मंजरों से धरती तक लोटा है आम।

जैसे

जैसे
मैं बहुत सारी आवाजें नहीं सुन पा रहा हूँ
चींटियों के शक्कर तोड़ने की आवाज
पंखुड़ी के एक एक कर खुलने की आवाज
गर्भ में जीवन बूँद गिरने की आवाज
अपने ही शरीर में कोशिकाएँ टूटने की आवाज

इस तेज बहुत तेज चलती पृथ्वी के अन्धड़ में
जैसे मैं बहुत सारी आवाजें नहीं सुन रहा हूँ
वैसे ही तो होंगे वे लोग भी
जो सुन नहीं पाते गोली चलने की आवाज ताबड़तोड़
और पूछते हैं—कहाँ है पृथ्वी पर चीख ?

असत्य के प्रयोग

किसने सोचा था वह इस तरह जायेगा

कहता था मैं कौआ का माँस खाकर आया हूँ
मरूँगा नहीं मैं इसी जगह राज करूँगा पूरा कलयुग

थर्र काँपता था पूरा इलाका
दरोगा से मन्त्री तक सब उसके जूते की गन्ध से पाते थे होश
बिना मुँडेर वाली छत से वह दिन भर मूतता रहता
आते जाते किसी भी आदमी के सिर पर खल खल
ऐसा प्रताप था उसका
यही अर्थ था उस युग में न्याय का

और एक दिन
एक दिन मुँह अँधेरे जब बूढ़ी औरतें
जा रही थीं गंगा नहाने भजन गाते टोल में
भागीं चिल्लाते रोते कलपते–
वह गिरा पड़ा था औंधा गली में

रात में आदतन उठा होगा मूतने

मूतते मूतते बढ़ता गया होगा बिना मुँडेर की छत पर

और गिरा होगा भक्क मूतते अचक्के

अपने ही खून और पेशाब में डूबा
पड़ा है बीसवीं शताब्दी का एक और अजूबा।

घोषणा

मैंने गौर से देखा और पाया कि राष्ट्र के प्रधान के
जीवन में नींद नहीं

मंत्रिमंडल की बैठक हमेशा देर रात
हर जरूरी फैसला आधी रात के बाद
फौज की तैनाती का हुक्म ढाई बजे रात
विरोधियों की नजरबन्दी का आदेश पाने तीन
चीनी पर टैक्स बढ़ाने का फैसला मध्य रात्रि के इर्द गिर्द
विदेश यात्रा की उड़ान रात दो बजे
विदेशी मेहमान का विमानपत्तन पर स्वागत तीन बजे
हत्यारों से मन्त्रणा किर्स। भी क्षण
जीवन में नींद नहीं

राजा चुपके से काटता है चक्कर रात में
नये नये भेस में अलग अलग घात में
जो सोये उनके माथे से त।केया खींचता
फेंकता खलिहान में लुकाठी
मसोमात के खेत से मूली उखाड़ता
खोलता बदरू की पाठी
गुद्दा गटक फेंकता आँगनों में आँठी
जीवन में नींद नहीं

माना कि वहाँ बहुत उजाला है
फिर भी रात में रात तो है ही
और इधर आलम ये कि नौ बजते बजते ढेर
और दस तक तो देह के सारे पुरजे खोल
मैं विसर्जित हो जाता हूँ महासमुद्र में

सो, मैं भारत का एक नागरिक, एतद् द्वारा घोषणा करता हूँ कि
नींद
मुझे राष्ट्र के सर्वोच्च पद से ज्यादा प्यारी है।

संविधान का अन्तिम संशोधन

संसद के संयुक्त अधिवेशन ने ध्वनि मत से
संविधान का अन्तिम संशोधन पारित कर दिया
जिसके अनुसार अब से किसी भी सिक्के में
एक ही पहलू होगा

इस प्रकार सहस्रों वर्षों से चला आ रहा
अन्याय समाप्त हुआ।

चार दिन

[1]

मुझे जाना पड़ा
नवजात बच्चे की नाभि वहीं रोप
मैं भागा

दोस्त बगलगीर सबने कहा
कहीं चले जाना अच्छा होगा
जहाँ तुम्हारे लोग हों अपने

और मैं वहाँ चला आया जहाँ
कोई मुझे जानता तक न था
सिवा एक दूर की खाला के
जो बूढ़ी और बेवा थी और
जिसकी लेमनचूस नान की
दूकान थी छोटी सी

इस ऐतिहासिक नगरी के हम शरणार्थी
इस विपुल पृथ्वी के कोनों अँतरों के बुहारन
पता नहीं कब तक ढूँढ़ते फिरेंगे आसरा
पता नहीं कब यह बेघर हवा किसी देह में
डालेगी डेरा

पता नहीं क्यों खोज रहे थे हत्यारे मुझे

[2]

रात होने के बहुत पहले आती है रात
दरवाजे बन्द और सुन्न हैं सड़कें
स्तब्ध दम्मे का सीना भीतर खाँसी उखड़ती

बैठे बैठे पाँव भूल जायेंगे चलना
अपने ही घर में सीलबन्द अकेले
काटने होंगे और कितने दिन परती

रात रात भर शादी ब्याह का जागरण था
तब नहीं, अब जब सन्नाटा है मेरे माथे में
भरता जा रहा है कुहा, नींद बिल्कुल नहीं

अँधेरी बन्द गलियों में खून हो रहा है
लाश पड़ने से उठ रहा है सड़ता पानी
हफ्तों बाद कोई बोलेगा आकर मारा गया
अबू मतीन।

[3]

और मैं मारा गया

इसलिए कि मेरी नाभि में कस्तूरी थी
और रोंओं से झर रही थी सुगन्ध लगातार
जानता था एक दिन नष्ट ही करेगी पवित्रता
इसी जीवन के कारण मरूँगा तै था

मैंने हरदम अच्छा बर्ताव किया
न किसी का बुरा ताका न कभी कुछ चाहा
और अब अचानक मैं मारा जाऊँगा
सिर्फ इसलिए कि मेरी जाति वो नहीं जो हत्यारों की
मेरा धर्म वो नहीं

और कोई जान नहीं पायेगा
सड़क किनारे खन्दक में सड़ेगी मेरी लाश
कोई जान नहीं पायेगा
बस एक बदबू होगी और आकाश में बादल
और फिर सवारियों से लदी गाड़ियाँ

[4]

जैसे कोई तपेदिक से मरता है
कोई पेचिश पीलिया कालाजार से
वैसे ही कोई धर्म की हिंसा में मरता है
कोई जाति भाषा क्षेत्र की हिंसा में
मरने के लिए बस बहाना चाहिए ठेस का
सबकी पारी है मरने की एक न एक दिन
बदल बदल कर चाहिए खून सरकारी ब्लड बैंक को
इस समाज की नींव में है बलि हिंसा
हिंसा की इतनी पोशाकें हैं इतने तमाशे
जो शासक हैं हिंसा का मुँह
कभी इधर मोड़ देंगे कभी उधर
हरेक की नजर में बाकी सब दुश्मन होंगे
हरेक के जीवन में कभी न कभी आयेगा वह दिन
जब उसे लगेगा उसी पर है सारी चोट

कि अकेले उसी के फेफड़ों पर है
तीन हाथियों के बराबर वायुमंडल का भार
सबकी पंगत बैठेगी अलग अलग पीठ से पीठ सटाये

रात बहुत हो गयी है
मैं भी अब थक रहा हूँ
टिकट पर जीभ फिराते डर लगा
क्या पता गोंद में जहर हो

दाना

खिड़की लगाते लगाते एक ढेला
लगता है सीधा कनपटी पर
बहुत देर से बाहर कोई बक रहा था गाली
मेरे नाम पर

इस गली में जहाँ बुझे हुए चूल्हों की राख है रस्ते पर
और रात में दो पियक्कड़ों के माथे से टपका खून
और भागते चोर की छूटी हुई चप्पल
यहीं तो रहता आया जन्म से अब तक
यहीं पर उतरा मेरी नसों में जीवद्रव्य
और आज मैं हो गया घर का बुहारन ?

अब तो जैसे रस्सी कस रही है चारों तरफ से
मानों अन्नहीन पृथ्वी पर मैं ही हूँ अन्न का अन्तिम दाना
अन्तिम ग्रास ?

पता नहीं कौन सा कसूर है मेरा—
जिसके लिए अन्तिम आसरा है पुल के नीचे की अँधेरी खोली
जिसे हर बार हाथ अँचाते सोचना पड़ता है अगले कौर का
वह किसका दुश्मन है
किसकी धूप छेंक रही है मेरी पीठ ?

ऐसे समय मैंने कलम में रोशनाई भरी
जब कोई मेरे नाम पर पिस्तौल में गोलियाँ भर रहा था

अकेला पड़ता गया इन चार वर्षों में
जहाँ काला जार से मौत हुई उस घर सा सुनसान
शव की गन्ध और अन्तिम साँस से भरा
इतनी कम है सहसा हवा इतना खाली वायुमंडल
उठ कर बैठा तो घूम गया माथा

फिर कोई किवाड़ पीट रहा है बक रहा है गाली ढेर से लोग ढेर

ढेला और पत्ता

हम कुल दो थे
दोनों साथी
राह थी लम्बी
थक कर चूर,
वह भी मैं भी।

कस कर भूख लगी थी मुझको,
पैसा भी कुछ जेबी में था,
किन्तु उसे भी देना होगा,
यही सोच मैं भूखा चलता गया।

कस कर प्यास लगी थी उसको,
पैसा भी कुछ जेबी में था,
किन्तु उसे भी देना होगा,
यही सोच वह प्यासा चलता गया।

दोनों खा सकते थे थोड़ा
दोनों पी सकते थे थोड़ा
दोनों जी सकते थे थोड़ा
मैं भी वह भी ढेला-पत्ता।

नैतिक प्रश्न

आज से पहले मैंने मित्र को कभी
असमंजस में नहीं देखा
उसने किसी को कभी कुछ पूछने की
मोहलत भी नहीं दी
क्योंकि वह जो भी कर रहा था वह
सत्य के पक्ष में
ऐतिहासिक दायित्व का विनम्र
निर्वाह था

लेकिन आज बरसात की इस शाम को
फुटपाथ पर पहली बार उसे ठिठकते
हिचकते देखा
हाथ में गर्म भुट्टा पकड़े अँगीठी पर आँखें
गड़ाये वह बोला—लगता है मसान के
कोयले पर पका है
खाना ठीक होगा ?

अपवाद

जब सब वाह वाह कर रहे हों
जब पूरे मुल्क में एक ही नाम का जाप हो
तब मैं उठूँगा और कहूँगा—
और सब तो ठीक, पर उस इन्सान में
एक खराबी भी थी,
वो यह कि लोग जब खाने बैठते
वह नाक में उँगली कोंच लेता।

जब सब थू थू कर रहे हों
जब मौत के बाद भी फाँसी की माँग हो
तब मैं उठूँगा और कहूँगा—
खुदा के बन्दो, उस हैवान में एक
अच्छाई भी थी,
वो यह कि लोग जब एक साथ सोये
उसने कभी अकेले मशहरी नहीं बाँधी।

ऐसे में

ऐसे में कुछ भी निश्चित नहीं
नहीं जानता कल शाम को छे बजे
आऊँगा या नहीं
कुछ भी पक्का नहीं

भग्न है ब्रह्मांड का आर्केस्ट्रा
हर दीवार में पड़ी है दरार
यह इतना पुराना पेड़ अन्तिम दाँत सा
बस लगा भर है पृथ्वी के मसूढ़े से
हिल रहा है सब कुछ हिल रहा है
जो अन्तिम आधार थी धरती वह भी

ऐसे में कुछ भी निश्चित नहीं
तेज धार में रोपता चल रहा हूँ पाँव
उखड़ता
डोलती धरती पर दौड़ता
खुले स्थिर मैदान की खोज में

कह नहीं सकता आऊँगा ही पक्का
कह नहीं सकता मरा कौन कौन है जिन्दा

आत्मा का रोकड़

जो हमने किया सब व्यर्थ गया
ऐसा न कहिए कामरेड–
बरसों बरस सैकड़ों फीट ड्रिलिंग के बाद अचानक
तेल खुदाई इंजीनियर को लगता है
यहाँ इस मिट्टी में नहीं है तेल,
तो क्या हुआ
फिर कहीं और हम सूँघेंगे मिट्टी

फिर भी निश्चिन्त रहने का वक्त तो यह है नहीं
इस उम्मीद पर बैठने का वक्त तो यह है नहीं
कि एक न एक दिन बदलेगा सब कुछ
कि यही है नियम और यही होगा भागफल
बहुत कुछ है जो है किसी भी पंचांग से बाहर
किसी भी नक्शे में नहीं हैं सारी नदियाँ सारे पहाड़
कितना अधूरा कितने काटकूट से भरा है
आत्मा का रोकड़

लगता है कभी कभी
हमने प्रश्न ही तो किये केवल

उत्तर एक भी न दिया
हर जगह डाली नींव
मकान एक भी खड़ा न किया–
क्या कहते हो, शुरू से गलत था
मकान का नक्शा ?

शोक

इस अंचल की एक इंच भूमि भी
ऐसी नहीं कि जहाँ होकर गुजरी न हो
यह नदी

पर क्रोध नहीं शोक है मुझे कि

बार बार जो बदलती रही रास्ता
बार बार जो पोंछती रही अपने ही छाप
जो एक पल कभी बैठी नहीं थिर
पा न सकी वो रास्ता अब तक
जिसे ढूँढ़ती फिरी सारी धरती उकटेर।

श्रद्धांजलि

वह रुकी पड़ी घड़ी थी बेकार

बहुत सोचा बेच दूँ कबाड़ी के हाथ
या घूरे पर फेंक दूँ
किराये के मकान में इतनी भी जगह नहीं कि बन्द बेकार घड़ी
पड़ी रहे कहीं बतौर यादगार—उन दिनों की
जब मैं ब्रह्ममुहूर्त में उठता अलार्म की आवाज पर
और लालटेन चौकी पर जमा किताब खोलता—
चारों तरफ अन्धकार और बीच में रोशनी की कील
या जब आश्विन की बीरत रात खुल जाती नींद
टिक टिक आवाज अँधेरे को कोड़ती
और मैं बाहर झाँकता
आसमान में इतनी भीड़ तारों की
रश्मियों की धूल इतना रोर

वह घड़ी उन आँखों की तरह थी
जिनका प्रकाश अस्त हो चुका है
फिर भी जो खुली रहती हैं एकटक
और उनके सामने झूठ बोलते डर लगता है

समय एक नहीं रहता कहते थे बाबा

घड़ी का भी नहीं सोच कर अजीब लगा

एक रोज अचानक रात में उठा पसीने से तर
चारों ओर लगा घेरा ही घेरा है
लगा मैं चुन दिया गया हूँ जिन्दा दीवार में
कि सहसा एक ओर कुछ कौंधा सर्पमणि सा—
वही बेकार घड़ी
जिसका रेडियम दमक रहा था अब भी अँधेरे में।

शेली के प्रति

[दो सौवीं वर्षगाँठ पर]

फहरा रही है पछया हवा में
स्वाधीनता की जर्जर पताका
दुनिया की विधानसभाओं से बहिष्कृत
खड़े हैं कवि भग्नमूर्ति के पास नंगे पाँव

विफल हो चुका दासों का विद्रोह
रौंदा जा रहा है पवित्र गर्भगृह
स्पार्टाकस मारा गया मारा गया प्रमथ्यु
झोंका गया आग में जिन्दा
जो बैकुंठ से चुरा कर लाया था आग

आज तुम्हारे जन्मदिन की रात
बहुत अन्धकार है और एक भी मोमबत्ती
नहीं मेरे पास
अपनी पीठ के सिवा नहीं कोई टेक
अपनी आँख के सिवा न कहीं प्रकाश
जीवित होना आज बहुत बड़ा भार है
युवा होना भीषण अभिशाप

मेरे भी सब केश पक चुके हैं करीब करीब

पर आत्मा का एक भी केश सफेद नहीं
अभी भी बचा है वक्ष पर माँस का अन्तिम कौर

फहरा रही है जर्जर चील पछया हवा में।

यही बचाना

नदी पहाड़ी तेज खौलती
खल खल करता भुक्खड़ पानी
अब तब बिजली चमक छोड़ती
पोल खोलती ठोस जगत के।

'नहीं घाट ना नाव न डोंगी
टिन की जोड़ी ठटरी जर्जर
कैसे होंगे पार कौम्रेड
वापस चलिए चलिए वापस।
तेज है पानी छोटा टोला
चारों बगल पहाड़ी नदियाँ
वैसे भी किसको है आना
जो है जहाँ वहाँ सुख से है।
किसी तरह रह जाये सूखा
यह शरीर तो बहुत समझिए
देह बचाने को मिल जाए
कहीं आसरा बहुत समझिए।
ऐसी है बरसात कौम्रेड
चलिए वापस जिद्द न धरिए
जान रहेगी सभा भी होगी
इसी देह पर सब सिंगार।'

'मेरा तो पहले से तै है
आना है जिनको वो आयें
या ना आयें, वहाँ मुझे तो
हर हालत में जाना ही है।
वहाँ पहुँचने, सभा लगाने
से क्या होगा नहीं जानता
लेकिन इतना तै है कि रुक
जाऊँ अगर तो टूटेगा विश्वास
और यही तो हर हालत में
हमें बचाना, चलिए साथी !'

[का. खगेन्द्र ठाकुर की कविता]

हमारे युग का नायक

खत्म हो जायेंगे राजकाज के तरीके पुराने
स्वतन्त्रता समानता की राह में
नहीं है दरकार कोई दाँव पेंच न ही कोई तिकड़म
चाहिए नहीं कोई लौहपुरुष न कूटनीतिज्ञ
जो सबसे नेक हैं सबसे दयालु जो ठगे जाने की हद तक सरल
वे ही आयेंगे आगे
और ले चलेंगे सबको प्रकाश की ओर

खत्म हो जायेगा एक दिन मूर्खों का राज
पकवानों का भोग छकता महन्थ
हथगोलों बारूद का ढेर गिनता सन्त
और माफिया गिरोहों के डॉन
नष्ट हो जायेंगे एक दिन
तब, जिनकी आत्मा सबसे पवित्र है
तब, जो जगे हैं, रात भर बेचैन ओस से भरे
वे ही आयेंगे आगे
और ले चलेंगे सबको प्रकाश की ओर

खत्म नहीं होंगे आदिम आदर्श
खत्म नहीं होगा स्वतन्त्रता समानता का स्वप्न
मनुष्य अभी पूरा स्वतन्त्र नहीं हुआ

समानता का लक्ष्य अभी पूर्ण नहीं हुआ
खत्म नहीं होगा स्वतन्त्रता समानता का स्वप्न
जो उतना ही झूठ है उतना ही सच्
जितना कि शून्य जितना अनन्त–
तब, खड़े होंगे करोड़ों करोड़ एक साथ
और चलेंगे सब प्रकाश की ओर।

जीवन का चौथाई

गान्धी मैदान में भारी भीड़ थी। झंडे थे। बन्दनवार थे। गत्ते के बड़े बड़े बादशाह बेगम गुलाम। जैसे दशहरे में रावण वध के समय बड़े बड़े पुतले। बीचों बीच सभा चल रही थी। खूब लोग थे। खूब लोग गिरे थे। महामारी थी। कहते हैं गाँव के गाँव खाली हो गये थे। जोर जोर से भाषण चल रहा था। राजनीति इतनी कड़ी चल रही है कि हँसना बोलना हगना मूतना सब में राजनीति है। लगा माथा घूम जायेगा। मार काट की बात हो रही थी। भाषण से साफ था कि दुश्मन के सारे लक्षण मुझमें विद्यमान हैं। लगा कोई मुझे ताक रहा है। किसी ने पहचाना और सैकड़ों गरदनें मेरी तरफ घूम गयीं। मैं भागा। भागा।

मैदान के भीतर किनारे किनारे चारों तरफ पेड़ों का घेरा है। भागता उधर आया। पेड़ों के नीचे छाँह में ठंडक थी। अमलतास इतने खिले थे कि उनके फूलों से पेड़ों के नीचे की मिट्टी लाल थी। छाया तक लाल। आवाज आ रही थी। इन्तजाम इतना पक्का था कि जो लोग घर पर रह गये थे उन तक भी आवाज जा रही थी। अस्पताल, सौरि-मसान, अस्तबल, पाखाना हर जगह। कोई बचने न पावे। थोड़ी देर खड़ा रहा। मुझे चक्कर आ रहा था।

आगे बढ़ा किनारे किनारे। थोड़ा फाँका मिला। अब मैदान के चारों ओर जो घेरा है उसका इलाका शुरू हुआ।

जीवन का चौथाई। मूँगफली बेचने वाले, कुल्फी ठेले वाले, झाल-मूढ़ी वाले, मिलने लगे। राहग़ीर, भिखमंगे,

निठल्ले, शोहदे, एक दो मरीज। कहीं पेड़ के नीचे चम्पीवाला एक पतले दुबले आदमी की मालिश कर रहा था। कहीं कोई कान का खोंट निकलवा रहा था। लेकिन कान लगातार भर रही थी। इतनी आवाज थी। कोई पहलवान मर्दाना कमजोरी दूर करने की पुड़िया बेच रहा था। वहाँ अच्छा मज़मा था। पास ही पानदरीबाँ कचौड़ी गली की किताबें पसारे एक अधेड़ ढेर से गाहकों को निपटा रहा था। पत्थर की टूटी बेंच पर एक नौजवान छाती पर प्रतियोगिता पत्रिका धरे सो गया था। दो बूढ़े धीरे धीरे अपनी बहुओं की शिकायत कर रहे थे। एक कोने में भागवत चल रहा था। कुछ लड़के बची हुई जगह में फुटबॉल खेल रहे थे और आश्चर्य कि कुछ दर्शक इस मैच को भी मिल गये थे। आवाज लगातार आ रही थी। एक नया जोड़ा बेंच पर बैठा मूँगफली खत्म करके नमक चाट रहा था। कुछ बात पर हँसता। मैं थोड़ा रुक गया। उन्हें निहारता रहा, थोड़ा आगे पीछे होता ताकि उन्हें न लगे मैं उन्हें देख रहा हूँ। पर वे उठ गये। साँस की भाप पहचान में आ गयी।

गृह प्रवेश

पीछे पीछे नेताओं के
पाद सूँघता भागा
मढ़ ऋषियों के जटाजूट
गंडे में धारा सदियों
सन्तों के प्रवचन शुभकारी
बाजीगर की हाथ सफाई
बिना देह की छाईं की लीला
टक्कर अणु की परमाणु की
अन्तरिक्ष का खोखल काला
सब कुछ देखा पारा पारी
आँख गड़ाये चुक्कु मुक्कु
हर मेले में टाट बिछाया
हर नम्बर पर दाँव लगाया
हारा तन धन हारा कानी कौड़ी

लौट रहा अब भारी डग से
डरता रहता अपने द्वार
सुई नोक भर धरती अपनी
सुई नोक भर कविता भूमि
तीर बिंधा पंक्षी हूँ मैं तो
मेरा नीड़ वहाँ उस तरु पर
जिसका सोर पताल।

जितनी भी है दीप्ति

धीरे धीरे झर गयी मिट्टी
रहा बचा केवल जड़-रेशा

अंश अंश कर दमक घट रही
बादल सिर पर छाये
उतर गये सब बीच राह में
हुई उलार अब गाड़ी

हाथ आँचने उठे नागरिक
कब की टूटी पाँत
खाते खाते दाँत झड़े पर
पत्तल पकड़े रहा किनारे

चारों ओर अँधेरा छाया
मैं भी उठूँ जला लूँ बत्ती
जितनी भी है दीप्ति भुवन में
सब मेरी पुतली में कसती।

चरथ भिक्खवे चारिकं

टूट चुकी है मेरी नौका
तटों पर बिखरा है मलबा

चलते ही चलना है मेरा भाग्य
जंगलों के बीच रास्ता बनाता
हाँकता रेवड़
किसी नदी नाले झरने किनारे
खूँटा गाड़ता
पूरी पृथ्वी हाथों से लीपता

आज भी जब किसी मोड़ पर दिखते हैं बंजारे
हवा में लहरता घाँघरा
मैं काँपने लगता हूँ
थरथराते हैं देह के बुरादे घूर्णों से भरे
वही है उत्तर दिशा
वही है मेरा विलुप्त महादेश–
जैसे हाथी अपने पुराने जंगल को याद करता है
वैसे ही कोई हवा मुझे चाँड़ती है–
रात में दूर किसी ट्रेन की सीटी
साफ आकाश में चाँद
किसी ट्रक की घूमती घूमती हेडलाइट
पैरों की धूर

पुकारती है मुझे
चैत की हवा सी घुमाती कभी यहाँ कभी वहाँ
अन्तिम ठोप तक ऐंठती गारती

चक्कर है मेरे पाँवों में
मेरा शरीर एक बवंडर—
जिसने हरदम खूँटा तोड़ा
उस बैल की चमड़ी का जूता—
मेरे लिए नहीं कोई चतुर्मास
न आश्विन की पूर्णिमा की प्रवारणा
एक बार कथा बैठाकर
उठ भी तो नहीं सकता
टूट चुकी है मेरी नौका

अकेला पड़ता जा रहा हूँ रोज
भाप बन रहा है बचा हुआ जल
बहुत खाली लगा इस बार सिन्धु का नगर
स्मृति भी साथ छोड़ रही है
बहुत यत्न पर देखता हूँ उठता हुआ धुआँ
हवा का थक्का
और किसी पत्तन सराय में
देह-भित्ति की भंगुर टेक—
इतना चले मेरे पाँव
पर चलने में आधा तो रुका ही रहा
एक पैर उठा तो एक पैर स्थिर

गैंडे के सींग की तरह अकेला चलता चलूँगा
दो घरों से अन्न उठाता—
देवरारु से ढँके ढलान और चोटियाँ अकेली—
वहीं एक निर्जन शिखर पर देखा था नर कंकाल

हिम दूर तक हिम
हवा बहुत पतली फिर खड्ड फिर अजपाद होते
मंझा सूत सी पहाड़ी नदी पार कर
पड़ेगी एक बस्ती
जहाँ मुझे जाना है ढूँढ़ने खंडित मूर्तियाँ

कहाँ हैं वे खंडित मूर्तियाँ
कहाँ है वह आँख से छिटकी हुई ज्योति
तटों पर बिखरा है मलबा

बर्फ मढ़े शिखर पर थोड़ा सुस्ता
फिर फड़फड़ा रहे हैं मेरे पंख
फिर सूर्य को इतने समीप पा–
शिखर छू वापस मैदानों में लौटने की इच्छा–
फिर वही हवा चैत की फिर वही धरती कदम्ब का फूल
जो बसी है हवा सृष्टि की पहली हवा मेरे फेफड़ों में
उसे किसी वृक्ष के कोटर में रख दूँ

हिम दूर तक हिम
यहाँ अच्छा लग रहा है
सूख रहा है पसीना
अलग हो रहा है रोआँ रोआँ
ढेले सा भरक रहा है शरीर
अच्छा लग रहा है यहाँ बैठे रहना–
हिम दूर तक हिम ही हिम और देवदारु
ओफ्फ, मैं भूल ही गया था
मुझे एक छठ्ठी में जाना है
और एक श्राद्ध में !

[राहुल सांकृत्यायन के यात्रा पर्यवेषणों पर आधारित]

●●●